Inhalt

Wie Phönix aus der Asche - die deutsche Wirtschaft wird zur Konjunkturlokomotive

Kernthesen

Beitrag

Fallbeispiele

Weiterführende Literatur

Impressum

Wie Phönix aus der Asche - die deutsche Wirtschaft wird zur Konjunkturlokomotive

R.Reuter

Kernthesen

- Die noch am Anfang dieses Jahrzehnts als kranker Mann Europas gescholtene deutsche Wirtschaft steht glänzend da, weder bei den Exporterlösen noch bei den Arbeitslosenzahlen können andere Länder derzeit mithalten.
- Skeptiker befürchten zwar, dass das Auslaufen der Konjunkturprogramme und die Sparpolitik der Bundesregierung den Aufschwung abbremsen könnten, einen

Rückfall in die Rezession erwartet jedoch niemand.
- Sorgen bereitet indessen der schlechte Zustand der US-Konjunktur. Als Lokomotive der Weltwirtschaft fällt Amerika derzeit aus.

Beitrag

Der Aufschwung ist angekommen

In der Euro-Zone verdichten sich die Anzeichen, dass die Wirtschafts- und Finanzkrise überwunden ist. Die konjunkturelle Erholung betrifft jedoch nicht alle Länder gleich. Die Erholung der deutschen Wirtschaft hat aber spürbar Fahrt aufgenommen und die von der Weltwirtschaft ausgehenden positiven Impulse machen sich zunehmend bemerkbar. So hat sich die stark exportorientierte deutsche Wirtschaft im zweiten Quartal 2010 an die Spitze gesetzt. Sie profitiert derzeit von der starken Nachfrage in Asien. Automobilhersteller, Chemiefirmen und die Elektrotechnik melden hohe Auftragszuwächse und steigende Gewinne. So hat beispielsweise der Chemie-Konzern BASF die Überschüsse im zweiten Quartal verdreifacht. Der Maschinenbau verzeichnete im Juni ein Orderplus von 62 Prozent gegenüber dem

Vorjahreswert. Manche Volkswirte sprechen bereits von einem Boom, andere sind vorsichtiger. Sie verweisen darauf, dass die Konjunkturprogramme in der zweiten Jahreshälfte auslaufen, was die Wachstumsdynamik möglicherweise abschwächen werde. (1), (10)

Die Stimmung steigt - wenn auch nicht überall

EU-Indizes, die das Geschäftsklima abbilden, bestätigen den Aufschwung. Am kräftigsten hat die Stimmung demnach in Deutschland, Frankreich und Italien angezogen. Lediglich in Spanien hat sich die Stimmung der Industriebetriebe verschlechtert. Auf der iberischen Halbinsel stehen die Zeichen auf Sturm, denn die Wirtschaft stagniert, während die Arbeitslosigkeit immer neue Rekordhöhen erreicht. Derzeit liegt sie bei über 20 Prozent, bei den Jugendlichen sind es sogar 40 Prozent. Auch Griechenland kommt noch nicht wieder auf die Beine. Einen Rückfall in die Rezession befürchtet derzeit dennoch kaum jemand mehr. Stattdessen wird die EU-Kommission ihre Frühjahrsprognose, die noch ein mageres Jahreswachstum von nur einem Prozent prognostizierte, weiter nach oben korrigieren. (1)

Sparpolitik bereitet Sorgen

Die Zeichen stehen damit auf Entspannung, doch euphorisch sind die Unternehmen nicht. Als Risiken für den konjunkturellen Aufschwung sehen sie nicht nur die auslaufenden Konjunkturprogramme, sondern insbesondere den eingeschlagenen Sparkurs der meisten europäischen Regierungen. Infolge der Schuldenkrise sollen dreistellige Milliardenbeträge eingespart werden, wofür die Regierungen Investitionen streichen und Steuern erhöhen. Schrecken verbreiten die Sparpläne der Bundesregierung vor allem bei den beiden größten deutschen Fluggesellschaften Lufthansa und Air Berlin. Eine geplante Steuer auf Flugtickets soll eine Milliarde Euro in die Staatskasse spülen, wogegen sich die Branche aber heftig wehrt, da die isländische Aschewolke die Umsätze bereits nach unten gedrückt hat. (2)

USA hinken hinterher

Die größte Gefahr für den Aufschwung geht jedoch von den USA aus. Dort herrscht nach wie vor große Unsicherheit über die weitere Entwicklung der Konjunktur. Die ohnehin hohe Arbeitslosigkeit steigt weiter an, der Immobilienmarkt schwächelt und die

Industriebetriebe verzeichnen weiter sinkende Auftragseingänge. Schon seit Wochen bleibt jeder Konjunkturindikator hinter den Erwartungen zurück. Auf Rekordniveau befinden sich stattdessen die staatlichen Ausgaben für Arbeitslosenunterstützung, Krankenkassenzuschüsse und Lebensmittelkarten. Das Haushaltsdefizit der USA nimmt daher ein immer gewaltigeres Ausmaß an. Die Lage in Amerika ist damit so schlecht, dass Experten einen Rückfall in die Rezession - anders als in Europa - nicht ausschließen wollen.

Die Stimmung in der westlichen Welt ist hierdurch so geteilt wie noch nie. Während in Amerika der Pessimismus grassiert, stehen die Zeichen in Europa auf Wachstum. Mancher Beobachter sieht die USA schon als kranken Mann der Weltwirtschaft, der seine Führungsrolle nach und nach an China abgebe. Aus diesen unterschiedlichen Aussichten für die jeweiligen Volkswirtschaften resultiert zudem der politische Konflikt zwischen Washington und den übrigen G-20, der auf dem Gipfel in Toronto nur oberflächlich bereinigt werden konnte. Die schwache Konjunktur Amerikas braucht nach Meinung des US-Präsidenten weitere Finanzspritzen, während die europäischen Länder bereits auf einen Kurs haushalterischer Konsolidierung umgeschwenkt sind. In den USA hingegen würde selbst ein zweistelliges Wirtschaftswachstum nicht ausreichen, um den angehäuften Schuldenberg abtragen zu können. (6), (7)

Gute Zahlen aus Großbritannien

Aus dem Vereinigten Königreich hingegen werden gute Zahlen gemeldet. So ist die britische Wirtschaft im zweiten Quartal fast doppelt so stark gewachsen wie erwartet. Verglichen mit dem Vorquartal stieg das Bruttoinlandsprodukt (BIP) nach vorläufigen Berechnungen von April bis Juni um 1,1 Prozent. Im ersten Quartal war die Wirtschaftsleistung um 0,3 Prozent gestiegen. Angetrieben wird der zaghafte Aufschwung von der Dienstleistungsbranche, die um 0,9 Prozent zulegte. Dieser Sektor macht fast drei Viertel des britischen BIPs aus. Die Bauwirtschaft legte sogar um 6,6 Prozent zu, die Industrieproduktion wuchs um 1,6 Prozent.

Bewertet werden die Zahlen auf der Insel jedoch betont vorsichtig. Experten raten dazu, den Champagner zurück in den Kühlschrank zu stellen und sich stattdessen auf einen erneuten Rückfall vorzubereiten. Dieser Pessimismus gründet sich auf dem Sparprogramm, das die Londoner Regierung auf den Weg gebracht hat. Ein wichtiger Bestandteil dieses Programms ist die Streichung öffentlicher Aufträge, die eine unmittelbare Schwächung des so wichtigen Dienstleistungssektors nach sich ziehen wird. Auch geht der Binnenkonsum der Briten zurück, überdies schrumpfen die Bestellungen aus dem Ausland. (3)

Frankreich leidet unter schwacher Binnennachfrage

Im wichtigsten Partnerland Deutschlands, Frankreich, ist die Erholung unterdessen ins Stocken geraten. Mit den hervorragenden Zahlen Deutschlands kann das Land daher nicht aufwarten. So hat die Banque de France für das dritte Quartal ein Wirtschaftswachstum von nur 0,3 Prozent in Aussicht gestellt. Damit scheint Frankreich vom Aufschwung diesmal besonders wenig zu profitieren. Der französische Geschäftsklima-Index ist in diesen Tagen auf einem historischen Tiefststand angelangt. Der Grund für den anhaltenden Pessimismus ist der weiterhin schwache Binnenkonsum. Die Kauflust der Bevölkerung ist in Frankreich traditionell der Hauptmotor der Wirtschaft, der zurzeit aber stottert. Insbesondere ist es die Angst vor den Sparmaßnahmen der französischen Regierung, die dafür sorgt, dass die Franzosen beim Konsum zurückhaltend sind. Auch die Arbeitslosigkeit ist mit fast zehn Prozent höher als in Deutschland.

Sorgen bereitet den Franzosen überdies der

Staatshaushalt. Das Defizit wird in diesem Jahr acht Prozent des Bruttoinlandsprodukts erreichen, die Verschuldung 83,6 Prozent. Der französische Rechnungshof schlägt angesichts dieser Zahlen Alarm: Die bisherigen Maßnahmen zur Haushaltskonsolidierung würden lange nicht ausreichen, um die Schulden erkennbar zurückzuschrauben. Sogar die Souveränität des Landes sei gefährdet. (4), (5)

Trends

Wie sie sparen wollen

Trotz ihres Rekorddefizits wollen die **USA** noch keinen Sparkurs einschlagen. Um die Wirtschaft weiter zu stützen, sollen stattdessen 1,6 Billionen Dollar neue Schulden aufgenommen werden.

Auch **Japan** hat noch kein Konsolidierungskonzept vorgestellt, obwohl die Staatsschulden 2009 knapp 220 Prozent des Bruttoinlandsprodukts betrugen. Dass Nippon von den Finanzmärkten nicht in die Zange genommen wird, liegt daran, dass es sich in erster Linie durch Inländer finanziert.

In **Deutschland** soll die Verschuldung bis 2012 auf den von der EU erlaubten Wert von drei Prozent des

BIPs gedrückt werden. Gespart werden soll insbesondere bei den Ausgaben für Soziales und an der Subventionierung des Energiesektors. Höhere Einnahmen verspricht sich Berlin von der Einführung der Steuer auf Flüge und einer Brennelementesteuer für Atomkraftwerksbetreiber. Die bis vor kurzem vom Koalitionspartner FDP geforderte Steuersenkung ist damit vom Tisch.

Die Drei-Prozent-Marke will auch **Italien** wieder erreichen. Anders als Deutschland sollen hierfür aber nicht die Staatseinnahmen gesteigert werden. Stattdessen soll gespart werden, nämlich 24 Milliarden Euro bis 2012. Angestellte des öffentlichen Dienstes und die Kommunen müssen daher mit weniger Geld auskommen.

In **Spanien** ist zum Zweck der Haushaltskonsolidierung die Umsatzsteuer von 16 auf 18 Prozent angehoben worden. Auch auf der iberischen Halbinsel erhalten Beamte und die Bezieher von Sozialleistungen weniger Geld. Ähnlich fallen die Maßnahmen beim Problemkind Nummer 1 aus, in **Griechenland**. Hier steigt die Umsatzsteuer auf 23 Prozent, während Staatsdiener mit acht Prozent weniger Gehalt auskommen müssen. Die Steuer auf Luxusgüter wurde deutlich erhöht. (9)

Fallbeispiele

Bundesbank verteidigt deutsches Exportmodell

Die Deutsche Bundesbank ist der in Frankreich und den USA geäußerten Kritik an der deutschen Exportorientierung entgegengetreten. Der Vorwurf, Deutschland habe seine Produktion auf Kosten seiner Nachbarn ausgeweitet, sei schlichtweg falsch. Es sei überdies nicht möglich, den Unternehmen per Gesetz die Zahlung höherer Löhne zu verordnen, um auf diese Weise die deutsche Binnennachfrage zu steigern. (8)

Weiterführende Literatur

(1) Deutschland führt die Erholung des Euro-Raums an
aus Frankfurter Allgemeine Zeitung, 31.07.2010, Nr. 175, S. 12

(2) Die Gewinne deutscher Großkonzerne steigen
aus FAZ.NET, 29.07.2010

(3) Britische Wirtschaft wächst kräftig BIP legt im zweiten Quartal um 1,1 Prozent zu - Schätzungen deutlich übertroffen
aus Börsen-Zeitung, 24.07.2010, Nummer 140, Seite 7

(4) Ernüchterung an der Seine

aus Frankfurter Allgemeine Zeitung, 13.07.2010, Nr. 159, S. 17

(5) Franzosen fallen in Konsumstarre Sparkurs der Regierung verunsichert Verbraucher · Schwache Prognose der Zentralbank für das Sommerquartal
aus Financial Times Deutschland vom 10.08.2010, Seite 14

(6) Amerika ist kein Problem
aus DIE WELT, 31.07.2010, Nr. 176, S. 9

(7) Wohin treibt Amerika?
aus Handelsblatt Nr. 140 vom 23.07.2010 Seite 1

(8) Bundesbank verteidigt deutsches Exportmodell
aus Süddeutsche Zeitung, 20.07.2010, Ausgabe München, Bayern, Deutschland, S. 19

(9) Europa spart sich gesund
aus WirtschaftsWoche NR. 029 VOM 19.07.2010 SEITE 036

(10) Zentralbanken - Bundesbank-Prognose
aus Zeitschrift für das gesamte Kreditwesen 13 vom 01.07.2010 Seite 693

Impressum

Wie Phönix aus der Asche - die deutsche Wirtschaft wird zur Konjunkturlokomotive

Bibliografische Information der deutschen Nationalbibliothek

Die Deutsche Nationalbibliothek verzeichnet diese Publikation in der deutschen Nationalbibliografie; detaillierte bibliografische Daten sind im Internet über http://dnb.d-nb.de abrufbar.

ISBN: 978-3-7379-1667-7

© 2015 GBI-Genios Deutsche Wirtschaftsdatenbank GmbH, Freischützstraße 96, 81927 München, www.genios.de

Alle Rechte vorbehalten. Dieses Werk ist einschließlich aller seiner Teile – z.B. Texte, Tabellen und Grafiken - urheberrechtlich geschützt. Jede Verwertung außerhalb der Grenzen des Urheberrechtsgesetzes bedarf der vorherigen Zustimmung des Verlags. Dies gilt insbesondere auch für auszugsweise Nachdrucke, fotomechanische

Vervielfältigungen (Fotokopie/Mikroskopie), Übersetzungen, Auswertungen durch Datenbanken oder ähnliche Einrichtungen und die Einspeicherung und Verarbeitung in elektronischen Systemen.